Bhupendra Kumar
Somesh Kumar

Seleção de atributos com Algoritmo Genético

Bhupendra Kumar
Somesh Kumar

Seleção de atributos com Algoritmo Genético

Seleção de subconjuntos de atributos baseada em algoritmo genético utilizando o classificador Baías ingénuas

ScienciaScripts

Imprint

Cover image: www.ingimage.com

This book is a translation from the original published under ISBN 978-3-659-87163-4.

Publisher:
Sciencia Scripts
is a trademark of
Dodo Books Indian Ocean Ltd. and OmniScriptum S.R.L publishing group

120 High Road, East Finchley, London, N2 9ED, United Kingdom
Str. Armeneasca 28/1, office 1, Chisinau MD-2012, Republic of Moldova, Europe
Managing Directors: Ieva Konstantinova, Victoria Ursu
info@omniscriptum.com

Printed at: see last page
ISBN: 978-620-8-60216-1

ÍNDICE DE CONTEÚDOS:

CAPÍTULO 1
INTRODUÇÃO

1.1 Visão geral

Um armazém de dados foi concebido para consolidar e manter todas as caraterísticas relevantes para os processos de análise. Devido ao rápido aumento da dimensão dos sistemas operacionais modernos, não se torna prático nem necessário carregar e manter no armazém de dados todas as caraterísticas operacionais. No armazém de dados, a extração de dados é um domínio de muitas disciplinas, que inclui estatística, aprendizagem automática e bases de dados. Na extração de dados, são realçadas várias tarefas, como a classificação , a extração de regras de associação, a agregação, a regressão, a sumarização, etc. Cada uma destas tarefas pode ser vista como um tipo de problema a ser resolvido por um método de extração de dados. Por conseguinte, o passo inicial na conceção de um algoritmo de extração de dados consiste em definir a tarefa que o algoritmo irá considerar. A classificação é considerada uma das tarefas de tomada de decisão mais frequentes na nossa atividade e é também uma técnica de extração de dados utilizada para prever a pertença de instâncias de dados a grupos. Um problema de classificação ocorre quando um objeto tem de ser atribuído a um grupo ou classe predefinidos com base num certo número de caraterísticas observadas relacionadas com esse objeto.

Os conjuntos de dados são constituídos por um certo número de vectores, cada um correspondendo a uma ocorrência de um evento: cada vetor é constituído por um grande número de caraterísticas. Em geral, não se sabe quais são as caraterísticas importantes. Por conseguinte, são frequentemente recolhidos todos os tipos de informações sobre eventos de interesse. As melhorias na capacidade de aquisição de dados, a diminuição dos custos de armazenamento de dados e o desenvolvimento da tecnologia de bases de dados e de armazenamento de dados conduziram ao aparecimento de cada vez mais conjuntos de dados de elevada dimensão (com dezenas ou centenas de milhares de caraterísticas). Muitas destas caraterísticas são irrelevantes ou redundantes. As caraterísticas desnecessárias aumentam a dimensão do espaço de pesquisa e tornam a generalização mais difícil de captar as regras necessárias para a previsão ou classificação, quer por máquina quer manualmente.

O processo de minimizar a grande quantidade de dados que é necessário armazenar num ambiente de armazenamento de dados é designado por redução de dados. Este processo pode aumentar a eficiência do armazenamento e reduzir os custos. A redução de dados pode ser conseguida utilizando vários tipos diferentes de técnicas . Estas técnicas são: agregação de cubos de dados, redução da dimensionalidade/seleção de subconjuntos de caraterísticas - por exemplo, remoção de caraterísticas sem importância, compressão de dados, redução da numerosidade - por exemplo, adaptação dos dados a modelos, discretização e geração de hierarquias de conceitos.

O nosso trabalho centra-se especialmente no problema da redução da dimensionalidade, que foi resolvido por vários métodos estatísticos e evolutivos no passado. Uma discussão detalhada sobre eles pode ser encontrada na secção de revisão da literatura.

1.2 Objectivos e metas da investigação

O objetivo geral desta investigação é investigar a eficácia da seleção de subconjuntos de caraterísticas em grandes bases de dados utilizando a classificação de Naive Bayes.

Os objectivos da atividade de investigação podem ser definidos da seguinte forma:

- Uma redução do custo de aquisição dos dados.
- Uma indução mais rápida do modelo de classificação final.
- Uma melhoria na precisão da classificação.

1.3 Estrutura do livro

O resto do livro está organizado da seguinte forma:

O Capítulo 2 descreve a revisão da literatura de vários trabalhos de investigação.

O capítulo 3 aborda a prospeção de dados, a seleção de subconjuntos de caraterísticas e as técnicas de otimização.

O Capítulo 4 apresenta a identificação e a definição do problema.

O capítulo 5 aborda a metodologia proposta.

O Capítulo 6 apresenta em pormenor a abordagem experimental, a implementação e os resultados.

O capítulo 7 apresenta as conclusões e sugestões para futuras direcções de investigação.

CAPÍTULO 2
REVISÃO DA LITERATURA

2.1 REVISÃO DA LITERATURA

A seleção de subconjuntos de caraterísticas pode ser utilizada como uma técnica para identificar e remover o maior número possível de caraterísticas redundantes e irrelevantes. Isto deve-se ao facto de: (i) as caraterísticas redundantes não ajudarem a obter um melhor preditor, uma vez que fornecem sobretudo informações que já estão presentes noutras caraterísticas, e (ii) as caraterísticas irrelevantes não contribuírem para a precisão da previsão

Foram propostas na literatura várias abordagens para a seleção de subconjuntos de caraterísticas, das quais apenas algumas são aqui referidas.

Em 1996, Ron Kohavi, et al [1] propuseram um método de pesquisa de um subconjunto de caraterísticas ótimo adaptado a um algoritmo e a um domínio específicos. Os autores estudam os pontos fortes e fracos da abordagem "wrapper" e comparam-na com a indução sem seleção de subconjuntos de caraterísticas e com a abordagem "Relief", uma abordagem de filtro para a seleção de subconjuntos de caraterísticas. Em alguns conjuntos de dados, obtém-se uma melhoria significativa da precisão para as duas famílias de algoritmos de indução utilizadas: Naive-Bayes e árvores de decisão. Para a função de avaliação, utilizaram a validação cruzada como técnica de estimativa da exatidão. Utilizaram o espaço de pesquisa comum com operadores de eliminação e adição como base para comparar dois motores de pesquisa: a melhor pesquisa em primeiro lugar e a subida de colina. Estes operadores compostos tornam prática uma pesquisa retrospetiva, a partir do conjunto completo de caraterísticas.

Em 2000, P. Larranaga, et al [2] propôs o FSS-EBNA (Feature Subset Selection by Estimation of Bayesian Network Algorithm); na altura, este era um novo método de seleção de conjuntos de caraterísticas na aprendizagem automática. O FSS-EBNA é um algoritmo de pesquisa baseado na população, evolutivo e aleatório, e quando o conhecimento do domínio não está disponível, pode ser executado. Este algoritmo, baseado no paradigma do Algoritmo de Estimativa de Distribuição (EDA), evita o uso de operadores de cruzamento e mutação para evoluir as populações, ao contrário dos Algoritmos Genéticos. São obtidos resultados promissores numa variedade de tarefas em que não existe conhecimento do domínio. O artigo explica as principais ideias da Seleção de Subconjuntos de Caraterísticas, do Algoritmo de Estimação de Distribuição e das redes Bayesianas, apresentando trabalhos relacionados com cada conceito.

Em 2003,1. Guyon, et al [3] é o autor desta edição especial, que foram testadas numa grande variedade de conjuntos de dados, o que limita a possibilidade de efetuar comparações entre os vários trabalhos. As abordagens são muito diversas e motivadas por vários argumentos teóricos, mas falta um quadro teórico unificador. Devido a estas deficiências, é importante, quando se começa com um novo problema, ter alguns valores de desempenho de base. Para esse efeito, recomendam a utilização de um preditor linear à escolha (por exemplo, um SVM linear) e a seleção de variáveis de duas formas alternativas: (1) com um método de seleção de subconjuntos aninhados que efectua uma seleção para trás ou para a frente ou com actualizações multiplicativas; (2) com um método de classificação de variáveis que utiliza um coeficiente de correlação ou informação mútua.

Em 2004, L. Yu, et al [4] propuseram um novo quadro de seleção eficiente de caraterísticas através da análise da relevância e da redundância, e um método baseado na correlação que utiliza a correlação *C* para a análise da relevância e as correlações *C* e /"para a análise da redundância. Um novo algoritmo de seleção de caraterísticas, o Fast Correlation-Based Filter (FCBF), é implementado e avaliado através de experiências exaustivas, comparando-o com três algoritmos representativos de seleção de caraterísticas. Os resultados da seleção de caraterísticas são ainda verificados por dois algoritmos de aprendizagem diferentes. O método demonstra a sua eficiência e eficácia para a seleção de caraterísticas na aprendizagem supervisionada em domínios em que os dados contêm muitas caraterísticas irrelevantes e/ou redundantes.

Em 2006, A. M. Perez, et al [5] desenvolveram dois métodos de combinação: a Combinação Gulosa e a Combinação Gulosa Reduzida. Com o objetivo de utilizar os dois métodos de combinação em simultâneo e aumentar a exploração do espaço de soluções, foi desenvolvida uma paralelização da Pesquisa por Dispersão. A paralelização consiste em executar cada método de combinação num processador diferente. Os resultados computacionais obtidos corroboram a eficácia da nossa paralelização. O SS paralelo atinge valores de percentagem de precisão semelhantes aos dois algoritmos SS sequenciais, mas utiliza um subconjunto mais pequeno de caraterísticas. Além disso, o algoritmo paralelo é mais preciso do que os algoritmos sequenciais.

Em 2006, D. Mladeni [6] apresentou um documento que trata da seleção de subconjuntos de caraterísticas para redução da dimensionalidade na aprendizagem automática. Apresenta uma breve panorâmica das técnicas de seleção de subconjuntos de caraterísticas habitualmente utilizadas na aprendizagem automática. É fornecida uma descrição pormenorizada da seleção de subconjuntos de caraterísticas habitualmente utilizada em dados de texto. Ilustram o efeito da utilização de diferentes métodos de seleção de subconjuntos de caraterísticas no problema da classificação de textos. Uma variante da abordagem de filtragem que assume a independência das caraterísticas, a abordagem de filtragem simples, é normalmente utilizada quando se lida com um número muito grande de caraterísticas, como nos dados de texto.

Em 2010,1. A. Gheyas, et al [7] apresentaram um algoritmo híbrido SAGA que combina os pontos fortes de vários algoritmos existentes para selecionar os subconjuntos de caraterísticas óptimos a partir de um grande espaço de caraterísticas. O SAGA é um híbrido de vários métodos - um SA, um GA, um GRNN e um algoritmo de pesquisa gulosa. Comparam o algoritmo proposto com os seguintes algoritmos de referência: ACO, FW, GA, PSO, SA, SBS, SFBS, SFFS e SFS em conjuntos de dados sintéticos e do mundo real. O SAGA apresenta o melhor desempenho em todos os intervalos. Concluem que nenhum algoritmo existente é inteiramente satisfatório isoladamente, mas que uma combinação cuidadosamente projectada pode ultrapassar os pontos fracos de cada um.

Em 2010, R. Tiwari, et al [8] formula e valida um método para selecionar um subconjunto de atributos ótimo com base na correlação utilizando o algoritmo genético (GA), em que o GA é utilizado como ferramenta de pesquisa óptima para selecionar o subconjunto de atributos.

Em 2010, Y. Sun, et al [9] desenvolveram um novo algoritmo de seleção de caraterísticas que aborda várias questões importantes dos trabalhos anteriores, incluindo problemas de implementação do algoritmo, precisão da solução e complexidade computacional. O algoritmo proposto baseia-se em técnicas de aprendizagem automática e de análise numérica bem estabelecidas, sem fazer quaisquer suposições sobre a distribuição de dados subjacente. É capaz de processar muitos milhares de caraterísticas em poucos minutos num computador pessoal, mantendo uma precisão muito elevada que é quase insensível a um número crescente de caraterísticas irrelevantes.

Em 2011, V. B. Canedo [10] propôs um método baseado na combinação de métodos de discretização, filtragem e classificação; que mantém os resultados de desempenho dos classificadores, mas usando um conjunto reduzido de caraterísticas. O método foi aplicado a um problema de classificação binária e a um problema de classificação de classes múltiplas. Especificamente, o benchmark KDD Cup 99 foi utilizado para testar a sua eficácia. Os resultados obtidos demonstraram a adequação do método proposto, obtendo-se um melhor desempenho na maioria dos casos e reduzindo o número de caraterísticas em mais de 80%. Este método melhora os resultados obtidos pelo vencedor do concurso KDD Cup 99 e também por outros autores com uma redução significativa do número de caraterísticas utilizadas em duas abordagens diferentes.

Em 2011, A. G. Karegowda, et al [11] propuseram um filtro, GA com CFS como mecanismo de avaliação do subconjunto; foi experimentado com quatro conjuntos de dados médicos. Enquanto o GA assegura uma pesquisa global, a seleção de caraterísticas baseada na correlação (CFS) resulta num subconjunto de caraterísticas reduzido. Para além disso, a CFS está altamente correlacionada com as classes que têm baixa intercorrelação. Os resultados experimentais ilustram claramente que o filtro proposto GA+CFS melhora a precisão da classificação dos classificadores Naive Bayes, K-NN e RBF para os quatro conjuntos de dados médicos. O desempenho do DT melhorou para o conjunto de dados de diabéticos e dermatologia, manteve-se igual para o conjunto de dados de registo de estatísticas cardíacas, mas diminuiu marginalmente para o conjunto de dados de cancro da mama.

Em 2011, Y. Liu, et al [12], propuseram um novo algoritmo Multi-Swarm Particle Swarm Optimization (MSPSO) para resolver problemas discretos, cuja função objetivo eficiente é concebida tendo em consideração a taxa de precisão da classificação e a pontuação F. Para resolver o problema da seleção de caraterísticas, propuseram a abordagem IFS (Improved Feature Selection), na qual tanto a otimização dos parâmetros SVM como a seleção de caraterísticas são executadas dinamicamente pelo algoritmo MSPSO e, em seguida, o modelo Support Vetor Machines (SVM) executa as tarefas de classificação utilizando os valores óptimos dos parâmetros e o subconjunto de caraterísticas. A avaliação dos 10 problemas de referência, comparando-os com os métodos padrão baseados no PSO, no algoritmo genético e na pesquisa em grelha, indica que a abordagem proposta tem um desempenho significativamente mais vantajoso do que os outros em termos de taxas de precisão da classificação.

Em 2012, H. Deng, et al [13] propuseram uma estrutura de regularização de árvores, que adiciona uma capacidade de seleção de caraterísticas a muitos modelos de árvores. Eles aplicaram a estrutura de regularização em florestas aleatórias e árvores impulsionadas para gerar versões regularizadas (RRF e RBoost, respetivamente). Estudos experimentais mostram que a floresta aleatória regularizada (RRF) e o RBoost produzem subconjuntos de caraterísticas de alta qualidade para classificadores fortes e fracos. Uma vez que os modelos de árvores são computacionalmente rápidos e podem lidar naturalmente com variáveis categóricas e numéricas, valores em falta, diferentes escalas (unidades) entre variáveis, interações e não linearidades, etc., a estrutura de regularização de árvores fornece uma solução de seleção de caraterísticas eficaz e eficiente para muitos problemas práticos.

Em 2012, R. V. Rao et al [14] propuseram um algoritmo inspirado no processo de ensino-aprendizagem, baseado no efeito da influência de um professor sobre os resultados dos alunos de uma turma. O algoritmo descreve dois modos básicos de aprendizagem: (i) Um número de alunos (conhecido como fase do aluno) que interagem através do professor (conhecido como fase do professor). O conceito de elitismo é introduzido no algoritmo TLBO e o seu efeito no desempenho do algoritmo é investigado. Os efeitos de parâmetros de controlo comuns, como o tamanho da população e o número de gerações, no desempenho do algoritmo são também investigados.

Em 2012, W. Shahzad, et al [15] propuseram um método de Otimização por Colónias de Formigas com Incerteza Simétrica (ACO-SU). Uma vez que a seleção de subconjuntos de caraterísticas é um problema de otimização combinatória, o ACO é adequado para esta tarefa. O método proposto utiliza a ACO como um mecanismo de seleção de subconjuntos de caraterísticas com base na população, em que os subconjuntos selecionados são avaliados com base numa medida teórica da informação. Este estudo investiga o papel da meta-heurística, ou seja, da ACO, na seleção de caraterísticas baseada em filtros para a seleção adaptativa de um subconjunto de caraterísticas.

Em 2013, G. Wang, et al [16] apresentaram um novo algoritmo de seleção de subconjuntos de caraterísticas baseado em agrupamentos para dados de elevada dimensão. O algoritmo envolve (i) a remoção de caraterísticas irrelevantes, (ri) a construção de uma árvore de extensão mínima a partir de caraterísticas relativas, e (iii) o particionamento da MST e a seleção de caraterísticas representativas. No algoritmo proposto, um cluster é constituído por caraterísticas. Cada cluster é tratado como uma única caraterística e, assim, a dimensionalidade é drasticamente reduzida. Os autores compararam o desempenho do algoritmo proposto com o de cinco algoritmos de seleção de caraterísticas bem conhecidos: FCBF, ReliefF, CFS, Consist e FOCUS-SF.

CAPÍTULO 3
INTRODUÇÃO À EXTRACÇÃO DE DADOS, SELECÇÃO DE SUBCONJUNTOS DE CARACTERÍSTICAS E TÉCNICAS DE OPTIMIZAÇÃO

3.1 Introdução à extração de dados

A extração de dados (DM) é um termo geral que combina vários procedimentos informáticos para analisar conjuntos de dados possivelmente enormes. Trata-se de uma área de investigação interdisciplinar em que peritos de várias áreas, como a estatística, a informática, a matemática, etc., trabalham frequentemente em conjunto com peritos de diferentes áreas de aplicação. As técnicas de DM são normalmente utilizadas para encontrar padrões novos e úteis em dados que, de outro modo, poderiam permanecer desconhecidos [17] [19].

A extração de dados é uma metodologia de resolução de problemas que permite encontrar uma descrição lógica ou matemática, eventualmente de natureza complexa, de padrões e regularidades num conjunto de dados. Ao contrário dos métodos estatísticos tradicionais, que são utilizados para verificar ou refutar uma hipótese pré-definida, a extração de dados oferece a possibilidade de gerar automaticamente novas hipóteses.

O objetivo é extrair, de forma eficiente e eficaz, informação e conhecimento dos dados que devem fazer sentido, isto é, e este conhecimento deve exibir alguns atributos essenciais: deve ser compreensível, válido, novo e útil [9].

Por definição, a prospeção de dados é uma parte de um processo superordenado denominado descoberta de conhecimentos em bases de dados (KDD), em que o termo base de dados se refere a qualquer tipo de armazenamento de dados e não inclui apenas os dados armazenados em sistemas de gestão de bases de dados [10]. O KDD é definido como a descoberta de conhecimentos em bases de dados que descreve o processo não trivial de identificação de padrões válidos, novos, potencialmente úteis e, em última análise, compreensíveis nos dados.

Por outras palavras, o KDD aborda o problema do mapeamento de dados de baixo nível (que são normalmente demasiado grandes para serem compreendidos) para outras formas que podem ser mais compactas, mais abstractas (por exemplo, uma aproximação descritiva dos dados) ou mais úteis (por exemplo, A aplicação de métodos específicos de DM está no centro do processo de descoberta de conhecimentos (KDP), que também inclui a extração de conhecimentos de base da respectiva área de aplicação, a definição do problema/objetivo de todo o KDP, a seleção e preparação dos dados, a redução de caraterísticas e amostras, a seleção do modelo de aprendizagem e interpretação e avaliação dos resultados obtidos. A extração de dados é integrada como uma única etapa do PDC, geralmente entre a seleção do modelo e a interpretação. Na literatura, o termo extração de dados é frequentemente utilizado em vez de ou como sinónimo do termo descoberta de conhecimentos em bases de dados e, por conseguinte, refere-se por vezes ao PDC completo. Neste livro, seguimos esta terminologia comum e utilizamos os termos extração de dados e aplicação de extração de dados para nos referirmos ao PDC completo. Por outro lado, os termos algoritmo de extração de dados e método de extração de dados são utilizados para designar a etapa de extração de dados no âmbito do PCD.

3.2 Aplicações de extração de dados

Várias aplicações de DM são utilizadas numa grande variedade de aplicações científicas e comerciais. Por exemplo, os algoritmos de pesquisa na Web ou nos meios de comunicação baseiam-se frequentemente em técnicas de MD, como a extração de texto ou a agregação de documentos, a vigilância (em massa), a extração de padrões e o reconhecimento de padrões.

A farmacoinformática e a bioinformática utilizam a DM para o diagnóstico, a modelação QSAR ou a expressão genética, enquanto outros domínios científicos a utilizam para o rastreio de imagens ou a DM espacial (aplicação de técnicas de DM a dados espaciais) [17]. Nas aplicações de gestão das relações com os clientes, as aplicações automatizadas de DM são frequentemente utilizadas para apoio à decisão, análise de cabazes de compras, apoio ao cliente e análise de clientes, previsão de carga ou deteção de fraudes. Recentemente, a aplicação da extração de dados à análise de comunidades em linha, como o MySpace ou o Facebook, tornou-se cada vez mais importante.

3.3 Dados

Esta subsecção apresenta uma breve panorâmica dos tipos de dados utilizados nas aplicações de extração de dados. A maioria dos conjuntos de dados pode ser vista como uma coleção de objectos de dados (também designados por amostras, registos, observações, entidades, instâncias, etc.).

Estes objectos de dados são descritos por um certo número de atributos (também designados por caraterísticas, variáveis, descritores, etc.) que captam as propriedades e caraterísticas básicas dos objectos. O termo "variável" é frequentemente utilizado para designar a informação original em bruto, enquanto os termos "atributo" e "caraterística" são frequentemente utilizados para designar uma variável que foi pré-processada de uma determinada forma [21].

De um modo geral, podem definir-se quatro tipos diferentes de atributos ou caraterísticas: nominais, ordinais, intervalares e de razão. Os dois primeiros tipos pertencem ao grupo dos atributos **categóricos** ou **qualitativos** que não possuem a maior parte das propriedades dos números. Enquanto os valores dos atributos *nominais* são apenas nomes diferentes e fornecem apenas informação suficiente para distinguir um objeto de outro (por exemplo, números de identificação, sexo, cor, etc.), os atributos ordinais fornecem informação suficiente para ordenar os objectos (por exemplo, notas, números de ruas, mau médio bom) [3].

Os restantes dois tipos de atributos, intervalo e rácio, pertencem ao grupo dos atributos **numéricos** ou **quantitativos**, que são representados por números reais. Para os atributos de intervalo, as diferenças entre valores são significativas (por exemplo, temperatura em graus Celsius ou Fahrenheit, datas do calendário, etc.), mas os rácios entre atributos não são significativos (por exemplo, 30 graus Celsius não é duas vezes mais quente do que 15 graus Celsius).

Para os atributos de rácio, tanto as diferenças como os rácios entre valores são significativos (por exemplo, temperatura em Kelvin, idade, massa, comprimento, etc.). Os atributos podem também ser distinguidos entre atributos discretos (conjunto finito ou infinito de valores) e atributos contínuos (os valores são números reais). Os atributos binários podem ser considerados como um caso especial de atributos discretos e assumem apenas dois valores (sim/não, verdadeiro/falso).

3.4 Conjunto de dados

O conjunto de dados utilizado para a experiência provém do domínio bancário. Neste conjunto de dados, estão presentes 11 caraterísticas e 603 instâncias. A ferramenta utiliza o formato de ficheiro arff.

3.5 Processo de extração de dados

A extração de dados é a procura de informações valiosas em grandes volumes de dados. Há muitos outros termos com um significado semelhante ou ligeiramente diferente de data mining, como *knowledge mining from databases, knowledge extraction, data/pattern analysis, data archaeology e data dredging.* Muitas pessoas tratam a prospeção de dados como sinónimo de outro termo popularmente utilizado, "Descoberta de conhecimentos em bases de dados", ou KDD [10]. O principal objetivo da extração de dados é extrair informações de grandes quantidades de dados brutos. A extração de dados utilizando métodos estatísticos tem tido bastante êxito.

É uma importante ferramenta de pré-processamento na extração de dados. Tem sido um campo ativo de investigação e desenvolvimento nas últimas três décadas. Como os conjuntos de dados são cada vez maiores, tanto em termos de instâncias como de número de caraterísticas, nos domínios da investigação biomédica, da deteção de intrusões e da gestão das relações com os clientes, esta enormidade causa problemas de escalabilidade e de desempenho nos algoritmos de aprendizagem. A seleção de caraterísticas resolve o problema da escalabilidade e aumenta o desempenho dos modelos de classificação, eliminando caraterísticas redundantes, irrelevantes ou ruidosas de conjuntos de dados de elevada dimensão [19].

A análise de dados tradicional é baseada em suposições, no sentido em que uma hipótese é formada manualmente e validada (por meios estatísticos) em relação aos dados. Em contrapartida, a extração de dados é orientada para a descoberta, na medida em que os padrões úteis são automaticamente extraídos dos dados. Para realizar esta tarefa, os sistemas de extração de dados utilizam frequentemente métodos de disciplinas como a inteligência artificial, a aprendizagem automática e o reconhecimento de padrões. Os algoritmos de extração de dados abordados neste documento funcionam com conjuntos de dados compostos por vectores (instâncias) de variáveis independentes (ou caraterísticas). Por exemplo, uma base de dados pode descrever um grupo de automóveis em termos do seu tipo de combustível, número de portas, potência, localização do motor, comprimento, largura, preço, tamanho do motor, etc. Neste caso, o tipo de combustível é um exemplo de caraterística e cada instância corresponde a um automóvel distinto. O processo geral de extração de dados é mostrado na Figura 3.1; o subprocesso representado neste fluxograma inclui

3.5.1 **Seleção de dados / amostragem** - A dimensão das bases de dados torna impraticável o seu processamento integral. Como resultado, é muitas vezes necessário selecionar os dados de alguma forma ou selecionar aleatoriamente as instâncias para processamento

3.5.2 **Limpeza / Pré-processamento** - Durante esta fase, os dados selecionados são preparados para serem processados pelo algoritmo de extração de dados. Isto pode envolver a tradução dos dados para um formato aceitável ou a substituição de entradas em falta ou ilegítimas.

3.5.3 **Transformação / Redução** - O objetivo desta fase é rever e/ou redefinir o conjunto de caraterísticas. Em muitos casos, nem todas as caraterísticas incluídas num determinado conjunto de dados são necessárias para a previsão. Em ambos os casos, pode ser desejável criar novas caraterísticas para facilitar o processo de extração.

3.5.4 Extração de dados - refere-se à aplicação de um método de extração de dados selecionado aos dados

3.5.5 Critérios de avaliação - Nesta fase, o resultado do algoritmo de mimetismo é avaliado em função de critérios de qualidade. Normalmente, isto é feito para reduzir o volume de informação produzida àquela que é mais útil ou relevante

3.5.6 Visualização - Esta é a tarefa de massificar o resultado para facilitar a análise manual. A informação que pode ser facilmente compreendida tem mais hipóteses de se tornar conhecimento utilizável.

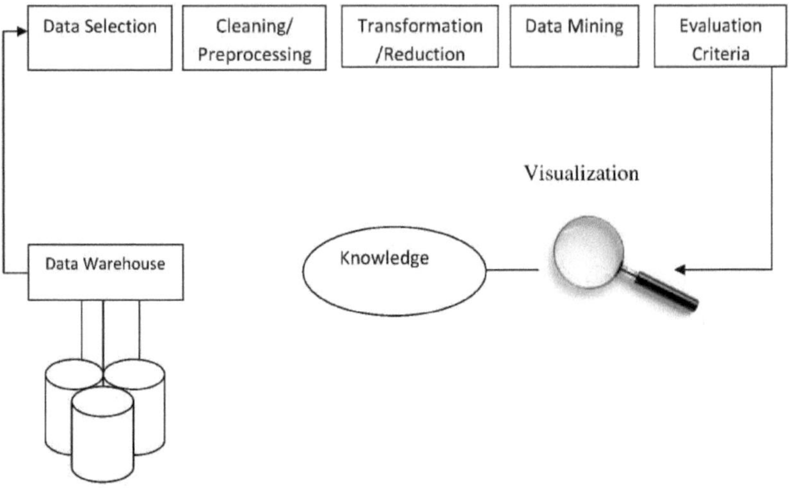

Figura 3.1 Diagrama do processo de extração de dados

3.6 Modelo de seleção de caraterísticas

O problema da seleção de caraterísticas tem sido abordado de diferentes perspectivas. Antes de explorar as diferentes abordagens, é útil apresentar um modelo geral a partir do qual as abordagens têm origem.

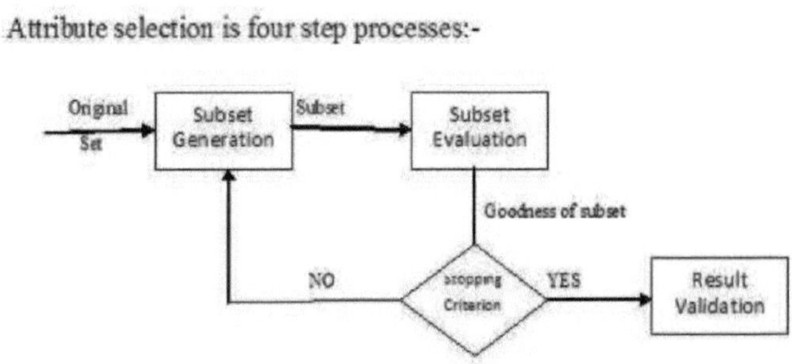

Figura 3.2 Modelo de seleção de caraterísticas

O modelo de seleção de caraterísticas é ilustrado na Figura 3.2. Para que um algoritmo de seleção de caraterísticas cumpra a sua tarefa, é necessário definir várias etapas .

- **Procedimento de** pesquisa - A etapa responsável pela estratégia de procura e exploração das diferentes soluções no espaço de caraterísticas é designada por procedimento de pesquisa. A pesquisa pode começar com um conjunto vazio, com todas as caraterísticas ou com um subconjunto de caraterísticas. O procedimento de pesquisa progride, então, de acordo com um operador pré-definido, como os operadores compostos, branch and bound e operadores evolutivos.

- **Critério de seleção** - Avaliar o subconjunto de caraterísticas em análise e devolver um valor de função é realizado no critério de seleção. Com base na função definida, o melhor valor refere-se ao melhor subconjunto de caraterísticas selecionado. Na literatura, foi introduzido um grande número de critérios de seleção e aplicado para a seleção de caraterísticas, incluindo funções monotónicas e seleção de caraterísticas de informação mútua. Além disso, a taxa de erro de classificação e o número de caraterísticas foram aplicados como critério de avaliação para um determinado subconjunto de caraterísticas.
- **Critério de paragem** - Para um caso de base ou uma solução trivial, a pesquisa pararia depois de verificar um critério de paragem, como a linha tracejada demonstra na Figura 3.2. Além disso, após cada avaliação da função, o critério de paragem é verificado. Por exemplo, o limite de tempo, o número de iterações ou de gerações e o número de caraterísticas selecionadas podem servir de critério de paragem.
- **Validação** - Por fim, o subconjunto de caraterísticas selecionado é de preferência validado através da realização de diferentes testes, como o teste de relevância, a taxa de erro ou a insignificância da solução. Os parâmetros de referência estabelecidos de conjuntos de dados artificiais ou reais podem servir para a etapa de validação, bem como para a comparação entre vários métodos.

Todos nós conhecemos a seleção de caraterísticas como redução de caraterísticas, seleção de variáveis e seleção de subconjuntos de variáveis ou seleção de atributos. Trata-se de uma técnica de seleção de um subconjunto das melhores caraterísticas relevantes para a construção de modelos de aprendizagem robustos em aprendizagem automática e estatística. A seleção de caraterísticas é um processo habitualmente utilizado na aprendizagem automática, em que um subconjunto das caraterísticas disponíveis nos dados é selecionado para aplicação de um algoritmo de aprendizagem. Normalmente, é necessário lidar com uma grande quantidade de dados ruidosos e não uniformes em vários domínios de estudo, especialmente em domínios novos e vastos como a bioinformática. Para além disso, a elevada dimensionalidade é um dos principais problemas na análise de dados brutos em bioinformática [6]. Os algoritmos de redução da dimensionalidade, como a análise de componentes principais (PCA) e os mínimos quadrados parciais, geram um pequeno conjunto de caraterísticas que representa todas as caraterísticas originais. No entanto, estes algoritmos produzem um novo conjunto de caraterísticas através da combinação de mais do que uma caraterística, pelo que as propriedades e identidades originais das caraterísticas se perdem. Em contrapartida, os algoritmos de seleção de caraterísticas não alteram as propriedades das caraterísticas originais de entrada [7].

A seleção de caraterísticas é uma etapa particularmente importante na análise dos dados de muitas técnicas experimentais em biologia, como os microarrays de ADN, porque muitas vezes implicam um grande número de variáveis medidas (caraterísticas) mas um número muito reduzido de amostras. Ao remover a maioria das caraterísticas redundantes e irrelevantes do conjunto de dados, a seleção de caraterísticas ajuda a melhorar o desempenho dos modelos de aprendizagem:

- Melhorar a capacidade de generalização.
- Reviver o efeito da maldição da dimensionalidade.
- Melhorar a interpretabilidade dos modelos.
- Acelerar o processo de aprendizagem.

Para as pessoas, quais as caraterísticas que são importantes e como estão relacionadas entre si, a seleção de caraterísticas também ajuda a adquirir uma melhor compreensão sobre os seus dados. Tem sido uma área de investigação ativa nas comunidades de reconhecimento de padrões, estatística e extração de dados. A ideia principal da seleção de caraterísticas é escolher um subconjunto de variáveis de entrada, eliminando caraterísticas com pouca ou nenhuma informação preditiva. A seleção de caraterísticas pode melhorar significativamente a compreensibilidade dos modelos de classificação resultantes e, frequentemente, criar um modelo que generaliza melhor para pontos não vistos. Além disso, é frequente que encontrar o subconjunto correto de caraterísticas preditivas seja um problema importante por si só. Por exemplo, um médico pode decidir, com base nas caraterísticas selecionadas, se uma cirurgia perigosa é ou não necessária para o tratamento [16].

A seleção de caraterísticas na aprendizagem supervisionada tem sido bem estudada, onde o principal objetivo é encontrar um subconjunto de caraterísticas que produza uma maior precisão de classificação. Para a seleção de caraterísticas na aprendizagem não supervisionada, os algoritmos de aprendizagem são concebidos para encontrar agrupamentos naturais dos exemplos no espaço de caraterísticas [11]. Assim, a seleção de caraterísticas na aprendizagem não supervisionada visa encontrar um bom subconjunto de caraterísticas que forme agrupamentos de elevada qualidade para um determinado número de agrupamentos. No entanto, as abordagens tradicionais à seleção de caraterísticas com um único critério de avaliação têm mostrado uma capacidade limitada em termos de descoberta de conhecimentos e de apoio à decisão. Isto deve-se ao facto de os decisores deverem ter em conta simultaneamente múltiplos objectivos interligados. Em particular, nenhum critério único para a seleção não supervisionada de caraterísticas é o melhor para todas as aplicações e só o decisor pode determinar os pesos relativos dos critérios para a sua aplicação. Para dar uma imagem clara das trocas (possivelmente não lineares) entre os vários objectivos, a seleção de caraterísticas foi formulada como uma otimização multiobjectivo ou de Pareto.

Do ponto de vista teórico, os algoritmos simples de seleção de caraterísticas podem demonstrar que o melhor subconjunto de caraterísticas para problemas de aprendizagem supervisionada exige uma pesquisa exaustiva de todos os subconjuntos potenciais de caraterísticas com a cardinalidade escolhida. Se houver um grande número de caraterísticas disponíveis, isso é impraticável. Nos algoritmos práticos de aprendizagem supervisionada, a pesquisa é feita para obter um conjunto satisfatório de caraterísticas em vez de um conjunto ótimo [18].

Para a seleção de caraterísticas, a forma mais popular é a regressão por etapas em estatística. Funciona como um algoritmo guloso que elimina a pior caraterística ou adiciona a melhor caraterística em cada ronda. A validação cruzada na aprendizagem automática consiste em decidir quando parar o algoritmo, sendo esta a principal questão de controlo. Alguns critérios são optimizados em estatística. Este facto conduz ao problema inerente de aninhamento. Foram explorados vários métodos robustos, como a rede linear por partes e o método "branch and bound".

A seleção de caraterísticas é um procedimento de seleção de um subconjunto das melhores caraterísticas relevantes através da aplicação de determinados critérios de avaliação. Em geral, o processo de seleção de caraterísticas é composto por três fases. Começa com a seleção de um subconjunto de caraterísticas originais e a avaliação do valor de cada caraterística no subconjunto. Em segundo lugar, utilizando esta avaliação, algumas caraterísticas do subconjunto podem ser eliminadas ou enumeradas no subconjunto existente. Em terceiro lugar, verifica-se se o subconjunto final é suficientemente bom utilizando um determinado critério de avaliação [8],

3.6.1 Classificação de caraterísticas e seleção de subconjuntos

A seleção de caraterísticas pode ser classificada em seleção de subconjuntos de caraterísticas e classificação de caraterísticas. A classificação de caraterísticas calcula a pontuação de cada atributo e, em seguida, ordena-os de acordo com as suas pontuações. Classifica as caraterísticas por uma métrica e elimina todas as caraterísticas que não atingem uma pontuação adequada na classificação das caraterísticas. A seleção do subconjunto de caraterísticas seleciona um subconjunto de atributos que, coletivamente, aumenta o desempenho do modelo. O conjunto de caraterísticas possíveis para o subconjunto ótimo é procurado através da seleção de subconjuntos.

A relevância das caraterísticas é um termo interligado com a seleção de caraterísticas. A relevância das caraterísticas tem sido definida de diferentes formas na literatura. Com base na relevância, as caraterísticas podem ser classificadas como altamente relevantes, fracamente relevantes e não relevantes. As caraterísticas altamente relevantes não podem ser removidas sem perda de precisão da previsão; as caraterísticas fracamente relevantes podem, por vezes, contribuir para a precisão da previsão, enquanto as caraterísticas não relevantes nunca podem contribuir para a precisão da previsão. Vários algoritmos de seleção de caraterísticas utilizam a relevância para classificar as caraterísticas. Alguns algoritmos fornecem pontuações de relevância ou importância das caraterísticas como resultado, fornecendo assim uma base para a classificação das caraterísticas, enquanto outros fornecem o subconjunto ótimo de caraterísticas como resultado. Com base neste critério, os algoritmos de seleção de caraterísticas podem ser classificados em duas categorias:

3.6.1.1 Classificação das caraterísticas:

Muitos algoritmos de seleção de caraterísticas incluem a classificação de caraterísticas como mecanismo de seleção principal ou auxiliar devido à sua simplicidade, escalabilidade e bom sucesso empírico. As classificações de caraterísticas são métodos simples que classificam as caraterísticas com base nalguns critérios. A classificação das caraterísticas é independente do algoritmo de indução, mas a classificação efectuada por algumas medidas pode ser óptima para um algoritmo de aprendizagem específico. Mesmo quando a classificação não é óptima, pode ser preferível a outros métodos de seleção de variáveis devido à escalabilidade computacional e estatística. Alguns dos critérios de classificação de caraterísticas são a medida de distância, a medida de informação, a medida de correlação e a medida de consistência.

A todas as caraterísticas de entrada é atribuído um valor de pontuação de relevância que é depois classificado na saída. Alguns dos algoritmos efectuam a classificação das caraterísticas e apresentam as classificações na saída, enquanto outros utilizam as classificações para selecionar o subconjunto de caraterísticas ideal. Alguns algoritmos populares que efectuam a seleção de caraterísticas, como a floresta aleatória, fornecem a classificação das caraterísticas. Uma vez que a classificação das caraterísticas é dada como resultado, o utilizador pode definir o limiar e selecionar o número ideal de caraterísticas de acordo com alguns requisitos. Uma vez que as relevâncias das caraterísticas individuais são calculadas, a redundância e as dependências das caraterísticas são negligenciadas. Assim, duas caraterísticas redundantes que são altamente relevantes podem ser selecionadas, enquanto duas caraterísticas que são inúteis por si só, mas que são úteis quando utilizadas em conjunto, podem não ser selecionadas. O número de caraterísticas de uma lista ordenada pode ser facilmente reduzido eliminando as menos importantes.

3.6.1.2 **Seleção de subconjuntos:** A seleção de subconjuntos é um processo que consiste em encontrar um subconjunto das caraterísticas originais de um conjunto de dados, de modo a que um algoritmo de indução executado em dados que contenham apenas essas caraterísticas gere um classificador com a maior precisão possível. A redundância e as interdependências entre as caraterísticas são avaliadas e as caraterísticas não relevantes e redundantes são excluídas do subconjunto de caraterísticas ótimo. O subconjunto de caraterísticas ótimo pode não ser único, porque pode ser possível obter a mesma precisão com diferentes conjuntos de caraterísticas, especialmente quando existem muitas caraterísticas completamente correlacionadas. As caraterísticas do subconjunto ótimo não podem ser facilmente removidas.

A principal diferença entre a classificação de caraterísticas e a seleção de subconjuntos reside no facto de as caraterísticas estarem ordenadas no primeiro caso, enquanto no segundo não estão ordenadas. A classificação das caraterísticas não tem em conta as dependências entre as caraterísticas, enquanto a seleção de subconjuntos tem em conta as dependências das caraterísticas.

3.7 Seleção de subconjuntos

Um subconjunto das melhores caraterísticas como um grupo é avaliado quanto à sua adequação através da seleção de subconjuntos. Os algoritmos de seleção de subconjuntos podem ser classificados em Wrappers, Filtros e Incorporados. Os filtros são semelhantes aos invólucros na abordagem de pesquisa, mas em vez de avaliar em relação a um modelo, é avaliado um filtro mais simples [11]. Os invólucros utilizam um algoritmo de pesquisa para procurar no espaço de caraterísticas possíveis e avaliar cada subconjunto executando um modelo no subconjunto. As técnicas de embrulhar podem ser computacionalmente dispendiosas e têm um risco de sobreajustamento ao modelo [1]. As técnicas incorporadas são incorporadas e específicas do modelo.

Várias abordagens de pesquisa utilizam a escalada gulosa, que avalia iterativamente um subconjunto de caraterísticas candidato, modifica o subconjunto e avalia se o novo subconjunto é uma melhoria em relação ao anterior. A avaliação dos subconjuntos requer uma métrica de pontuação que classifica um subconjunto de caraterísticas. A pesquisa exaustiva é geralmente impraticável, pelo que, num determinado ponto de paragem definido pelo operador, o subconjunto de caraterísticas com a pontuação mais elevada descoberta até esse ponto é selecionado como o subconjunto de caraterísticas satisfatório. O algoritmo varia o critério de paragem; os critérios possíveis incluem: a pontuação de um subconjunto excede um limiar, o tempo máximo permitido de execução de um programa foi ultrapassado, etc.

As técnicas alternativas baseadas na pesquisa baseiam-se na procura de projecções orientadas, que encontram projecções de baixa dimensão dos dados com uma pontuação elevada: as caraterísticas que têm as maiores projecções no espaço de dimensão inferior são então selecionadas [20]:

- Melhor primeiro
- Eliminação retroactiva com fins lucrativos
- Recozimento simulado
- Exaustivo
- Pesquisa de dispersão
- Algoritmo genético
- Procura de projeção orientada
- Pesquisa de vizinhança variável
- Seleção progressiva gulosa

Para os problemas de classificação, duas métricas de filtragem populares são a informação mútua e a correlação, embora nenhuma delas seja uma verdadeira métrica ou medida de distância no sentido matemático, uma vez que não obedecem à desigualdade triangular e, por conseguinte, não calculam qualquer distância efectiva, devendo antes ser consideradas como pontuações. Estas pontuações são calculadas entre a categoria de saída desejada e uma caraterística candidata (ou conjunto de caraterísticas).

Outras métricas de filtro disponíveis incluem is:

a. Separabilidade das classes
    i. Entropia

ii. Probabilidade de erro
iii. Distância probabilística
iv. Distância inter-classes

b. Seleção de caraterísticas baseada na correlação
c. Seleção de caraterísticas baseada na coerência

3.8 Classificação dos algoritmos de seleção de caraterísticas

Os algoritmos de seleção de caraterísticas são geralmente divididos em métodos de envolvimento, de filtragem e incorporados. Os métodos de envolvimento utilizam o algoritmo de indução que é eventualmente utilizado para induzir o classificador, enquanto os métodos de filtragem selecionam as caraterísticas independentemente do algoritmo de indução. Os métodos integrados incorporam a seleção de caraterísticas como parte do processo de indução de um classificador. As linhas gerais destes três métodos são brevemente discutidas nas secções seguintes [23].

3.8.1 Métodos de filtragem

Os métodos de filtragem para a seleção de caraterísticas baseiam-se nas pontuações de relevância das caraterísticas. Na maioria dos casos, as pontuações de relevância de todas as caraterísticas são calculadas e as caraterísticas com pontuações baixas são eliminadas [11]. Como as caraterísticas com pontuações baixas são eliminadas, apenas as caraterísticas relevantes são selecionadas e utilizadas para treinar o algoritmo de aprendizagem. Estes métodos de seleção de caraterísticas são independentes do algoritmo de aprendizagem, mas um deles pode ser ótimo para um algoritmo de aprendizagem específico. O esquema de filtragem mais simples consiste em avaliar cada caraterística individualmente com base na sua correlação com a função-alvo e, em seguida, selecionar as k caraterísticas com o valor mais elevado.

RELIEF, FOCUS e mRMR são três métodos de filtragem bem conhecidos para a seleção de caraterísticas. Enquanto o RELIEF pondera as caraterísticas individualmente de acordo com a sua relevância para o objetivo, o FOCUS envolve um maior grau de pesquisa para selecionar um subconjunto mínimo de caraterísticas que discrimine perfeitamente as classes. À semelhança do FOCUS, o mRMR considera a relevância e a redundância, mas baseia-se numa métrica teórica da informação para a seleção de caraterísticas.

3.8.2 Métodos Wrapper

Os métodos envolventes são fortemente dependentes do algoritmo de indução. Os métodos envolventes selecionam um subconjunto de caraterísticas ótimo ou quase ótimo através da aplicação de um algoritmo de indução como uma caixa negra. As interações entre as caraterísticas são tidas em conta nos métodos de agrupamento [1]. A tarefa do algoritmo de indução é induzir um classificador que possa classificar as instâncias futuras. É implementado um procedimento de pesquisa para gerar possíveis subconjuntos de caraterísticas. O algoritmo de aprendizagem é treinado com cada subconjunto de caraterísticas e o seu desempenho é medido após cada sessão de treino. As caraterísticas óptimas selecionadas são óptimas para o algoritmo de aprendizagem específico implementado durante o procedimento de seleção de caraterísticas. Os procedimentos mais comuns para a criação de subconjuntos de caraterísticas em métodos de agrupamento incluem a seleção sequencial progressiva (SFS) e a seleção sequencial regressiva (SBS).

No SFS, todas as caraterísticas são adicionadas sucessivamente para verificar o desempenho do classificador. Se n caraterísticas já estiverem na lista de caraterísticas selecionadas no passo n, então a interação da caraterística adicionada no passo n com o subconjunto de caraterísticas selecionado foi menos relevante nos passos (n-1)' ou anteriores do que a interação das caraterísticas adicionadas nesses passos. Assim, a caraterística que tem o pior desempenho na primeira etapa do SFS pode contribuir melhor para o desempenho numa n-ésima etapa na presença de outras caraterísticas. No SBS, as caraterísticas são removidas sequencialmente de um conjunto completo de candidatos até que a remoção de outras caraterísticas aumente o critério.

Por outro lado, existem desvantagens dos métodos de invólucro. O conjunto de caraterísticas ótimo é ótimo apenas para um algoritmo de indução específico. A utilização do mesmo conjunto de caraterísticas pode ter um desempenho pior ou pode mesmo não generalizar para outros algoritmos de indução. O algoritmo de indução tem de ser executado várias vezes, pelo que é computacionalmente dispendioso. Executar o mesmo algoritmo várias vezes com o mesmo conjunto de dados pode fazer com que o algoritmo se ajuste demasiado aos dados.

3.8.3 Métodos incorporados

Os métodos de seleção de caraterísticas incorporadas apresentam as vantagens das abordagens do invólucro e do filtro. Tal como o método do invólucro, o algoritmo de indução está envolvido na seleção das caraterísticas [23]. As caraterísticas interagem diretamente com o classificador e obtém-se o conjunto de caraterísticas ideal para o classificador específico. As interações entre as caraterísticas são representadas nestes métodos. Não é necessário dividir os dados de treino num conjunto de treino e num conjunto de validação; o algoritmo chega a uma solução mais rapidamente, evitando voltar a treinar um preditor de raiz para cada subconjunto de variáveis investigado. O conjunto de caraterísticas selecionado é altamente dependente do algoritmo de indução, pelo que as caraterísticas selecionadas por um método podem não produzir bons modelos de classificação com outros classificadores. Alguns métodos combinam-se com os métodos de pesquisa gulosa, como a eliminação para trás ou a seleção para a frente, enquanto outros dependem da função objetivo. As árvores de decisão e alguns métodos penalizados como o LASSO e o SVMRFE são exemplos de métodos integrados de seleção de caraterísticas.

Em geral, os métodos de filtragem são mais rápidos do que os métodos incorporados que, por sua vez, são mais rápidos do que os métodos de invólucro. No que diz respeito ao sobreajuste, os métodos de invólucro são mais susceptíveis de sobreajustar, uma vez que estão orientados para um algoritmo de aprendizagem específico. Por outro lado, os métodos incorporados têm menos probabilidades de sobreajustamento, mas, dada a sua componente de aprendizagem, teriam mais probabilidades de sobreajustamento do que os métodos de filtro [11],

3.9 TÉCNICAS DE OPTIMIZAÇÃO

A otimização é o ato de obter o melhor resultado de um determinado problema em determinadas circunstâncias. No projeto, construção e manutenção de qualquer sistema de engenharia, muitas decisões tecnológicas e de gestão têm de ser tomadas em várias fases. O objetivo final de todas essas decisões é minimizar o esforço necessário ou maximizar o benefício desejado [15]. Assim, a otimização pode ser definida como o processo de encontrar as condições que dão o valor mínimo ou máximo de uma função que representa o esforço necessário ou o benefício desejado. Os problemas de otimização são vastos e numerosos, pelo que os métodos de resolução destes problemas devem ser um tema de investigação ativo. Os algoritmos de otimização podem ser de natureza determinística ou estocástica.

Os métodos anteriores para resolver problemas de otimização exigem enormes esforços computacionais, que tendem a falhar à medida que a dimensão do problema aumenta. Esta é a motivação para utilizar algoritmos de otimização baseados na aprendizagem pedagógica como alternativas computacionalmente eficientes à abordagem determinística.

Existem vários algoritmos de otimização

Tabela 1:- Alguns Algoritmos de Otimização

CATAGORY	ALGORITHMS
ECOLOGY BASED	1. PS2O 2. Invasive Weed Colony Optimization
SWARM INTELLIGENCE BASED	1. Artificial Bee Colony Algorithm 2. Ant Colony Optimization 3. Fish Swarm Algorithm 4. Particle Swarm Optimization
EVOLUTIONARY BASED	1. Genetic Algorithm 2. Differential Evolution 3. Genetic Programming 4. GABASS using Naïve Bayes Classifier

3.9.1 PSO

A Otimização por Enxame de Partículas foi desenvolvida por Russell Eberhart e James Kennedy em 1995 [25]. Inspiraram-se no estudo do comportamento de revoada de aves, apresentado pelo biólogo Frank Heppner. Só há um alimento na zona que está a ser procurada. Onde está o alimento? Então, qual é a melhor estratégia para encontrar o alimento? A mais eficaz é seguir a ave que está mais próxima do alimento. O PSO aprendeu com este cenário e utilizou-o para resolver os problemas de otimização. Está relacionado com técnicas de resolução de problemas inspiradas na evolução, como os algoritmos genéticos.

O PSO é uma abordagem aos problemas cujas soluções podem ser representadas como um ponto num espaço de soluções n-dimensional. Um certo número de *partículas* são postas em movimento aleatoriamente neste espaço. Em cada iteração, observam a "aptidão" de si próprias e dos seus vizinhos e "emulam" os vizinhos bem sucedidos (aqueles cuja posição atual representa uma melhor solução para o problema do que a sua) movendo-se em direção a eles. Podem ser utilizados vários esquemas para agrupar as partículas em *bandos* concorrentes e semi-independentes, ou todas as partículas podem pertencer a um único bando global. Esta abordagem extremamente simples tem-se revelado surpreendentemente eficaz numa série de domínios problemáticos [12].

À semelhança dos algoritmos genéticos (AG), o PSO é um método baseado numa população, ou seja, representa o estado do algoritmo através de uma população, que é modificada iterativamente até ser satisfeito um critério de terminação. A partícula i é representada por $X_i = (x_{i1}, x_{i2}, \dots, x_{id})$, a que se chama a posição da partícula *i* no espaço d-dimensional. A cada partícula *i* está associado um vetor de velocidade $V_i = (v_{i1}, v_{i2}, \dots, v_{id})$ que desempenha um papel importante na decisão da posição seguinte da partícula e é atualizado em cada iteração. Para atualizar a velocidade de cada partícula, são utilizadas a melhor $P_{ibest} = (p_{i1}, p_{i2}, \dots, p_{id})$ da partícula, que é a melhor posição da partícula *i* alcançada até ao momento, e a melhor $P_{gbesti1} = (p_{g1}, p_{g2}, \dots p_{gd})$ global, que é a melhor posição do enxame alcançada até ao momento por qualquer partícula do enxame. As seguintes equações (1) e (2) são utilizadas para encontrar a nova velocidade e posição da partícula *i* na iteração *t+1*.

$$v_{i(t+1)} = w.v_{i(t)} + c_1 j_1 (p_{ibest} - X_{i(t)}) + c_2 j_2 (p_{gbest} - X_{i(t)}) \qquad \text{eq} - (1)$$

$$X_{i(t+1)} = X_{i(t)} + V_{i(t+1)} \qquad \text{eq} - (2)$$

Na equação (1), w é o peso de inércia que controla o impacto da história anterior da velocidade nas capacidades de pesquisa global e local das partículas, c_1 e c_2 são constantes de aprendizagem positivas que determinam a taxa pela qual a partícula se move em direção à melhor posição individual e à melhor posição global. Normalmente, c_1 e c_2 são escolhidos de forma a que a sua soma não exceda 4. Se exceder 4 em qualquer altura, as velocidades e as posições explodirão em direção ao infinito. j_2 e j_2 são números aleatórios retirados de uma distribuição de probabilidade uniforme de *(0, 1)*. Desta forma, as posições e as velocidades das partículas evoluem em cada iteração até que a solução óptima não seja obtida [12],

3.9.1 ALGORITMO GENÉTICO

Os Algoritmos Genéticos (AG) são algoritmos de pesquisa heurística adaptativa baseados nas ideias evolutivas da seleção natural e da genética. Os Algoritmos Genéticos (AG) foram desenvolvidos pelo Prof. John Holland e pelos seus alunos na Universidade de Michigan durante as décadas de 1960 e 1970. Os AG fazem parte da computação evolutiva, uma área da IA que está a emergir rapidamente. Os Algoritmos Genéticos são uma abordagem para resolver problemas imitando os mesmos processos que a mãe-natureza utiliza. Utilizam a mesma mistura de seleção, recombinação e mutação para desenvolver uma solução para um problema [22].

Os AG compreendem um subconjunto destas técnicas de problemas de otimização baseados na evolução, centrando-se na aplicação da seleção, mutação e recombinação a uma população de soluções de problemas concorrentes. Os AG são algoritmos de pesquisa paralela e iterativa e têm sido aplicados com êxito a um vasto espetro de problemas de otimização, incluindo muitas tarefas de reconhecimento e classificação de padrões.

3.9.2 OPTIMIZAÇÃO POR COLÓNIA DE FORMIGAS

O ACO simula o comportamento de formigas reais. A primeira técnica de ACO é conhecida como Ant System e foi aplicada ao problema do caixeiro-viajante. Desde então, foram produzidas muitas variantes desta técnica. O ACO é uma técnica probabilística que pode ser aplicada para gerar soluções para problemas de otimização combinatória. As formigas artificiais no algoritmo representam os procedimentos de construção de soluções estocásticas que fazem uso da evolução dinâmica dos rastos de feromonas que reflectem a experiência de pesquisa adquirida pelas formigas e a informação heurística relacionada com o problema em questão, de modo a construir soluções probabilísticas [15].

Para aplicar o ACO à geração de casos de teste, é necessário abordar uma série de questões, nomeadamente

I. Transformação do problema de teste num gráfico.
II. Uma medida heurística para medir a "bondade" dos caminhos através do grafo.
III. Um mecanismo para criar soluções possíveis de forma eficiente e um critério adequado para parar a geração de soluções.
IV. Um método adequado para atualizar a feromona.
V. Uma regra de transição para determinar a probabilidade de uma formiga atravessar de um nó do grafo para o seguinte.

3.9.3 GABARITO

Foi proposto pela primeira vez por Patel e Rao sob a inspiração do fenómeno de ensino-aprendizagem de uma sala de aula para resolver problemas multidimensionais, lineares e não lineares. A eficácia do GABASS foi comparada com a de outros algoritmos de otimização de inteligência populacional com base na melhor solução, na solução média, na taxa de convergência e na complexidade computacional. O resultado do GABASS é melhor desempenho, algoritmo específico sem parâmetros, eficaz e eficiente para resolver problemas de otimização [14].

Este método de otimização baseia-se no efeito da influência da classificação Naive Bayes. É um método baseado na população e, tal como outros métodos baseados na população, utiliza uma população de soluções para chegar à solução global. Em qualquer algoritmo de otimização, existem várias variáveis de conceção diferentes. As diferentes variáveis de conceção no GABASS são análogas aos diferentes temas propostos ao classificador e o resultado do classificador é análogo à "aptidão", tal como noutras técnicas de otimização baseadas em populações.

CAPÍTULO 4

IDENTIFICAÇÃO E DEFINIÇÃO DO PROBLEMA

4.1 IDENTIFICAÇÃO DO PROBLEMA

Os problemas identificados com base nos trabalhos de investigação analisados são os seguintes

medida que a dimensionalidade do espaço de atributos aumenta, muitos tipos de análise e classificação de dados também se tornam significativamente mais difíceis e, além disso, os dados tornam-se cada vez mais esparsos no espaço que ocupam, o que pode levar a grandes dificuldades tanto para a aprendizagem supervisionada como para a não supervisionada.

Um grande número de atributos pode aumentar o ruído dos dados e, consequentemente, o erro de um algoritmo de aprendizagem, especialmente se houver poucas observações (ou seja, amostras de dados) em comparação com o número de atributos.

- Nos últimos anos, vários estudos têm-se centrado na melhoria das técnicas de seleção de caraterísticas e de redução da dimensionalidade, tendo sido obtidos progressos substanciais na seleção, extração e construção de conjuntos de caraterísticas úteis. No entanto, devido à forte influência dos diferentes métodos de seleção de subconjuntos de caraterísticas na precisão da classificação, há ainda várias questões em aberto neste domínio de investigação. Além disso, devido ao aumento frequente do número de caraterísticas candidatas em vários domínios de aplicação, surgem novas questões.
- **Maldição da dimensionalidade:**

Os seguintes problemas ocorrem quando se efectua uma pesquisa ou uma estimativa da densidade em espaços de elevada dimensão

1. Estimativa: Numa grelha multidimensional, o problema do cálculo de uma função de densidade num espaço de elevada dimensão pode ser visto como o de encontrar a densidade em cada célula.
2. Computação: A complexidade cresce exponencialmente com a dimensão, excedendo rapidamente o armazenamento de memória e as capacidades

computacionais dos computadores.

3. A densidade e a distância entre os pontos, que são fundamentais para a análise de agrupamentos e de anomalias, tornam-se menos significativas.
4. Quando a dimensionalidade aumenta, os dados tornam-se cada vez mais esparsos.

4.2 DECLARAÇÃO DO PROBLEMA

O grande número e a dimensão das fontes de dados modernas tornam o processo de integração complicado. Nestes casos, a dimensionalidade dos dados é reduzida antes de preencher os DWs. Para tratar adequadamente esses dados do mundo real, a sua dimensionalidade tem de ser reduzida. A redução da dimensionalidade é a transformação de dados de elevada dimensão numa representação significativa de dimensionalidade reduzida. Idealmente, a representação reduzida deve ter uma dimensionalidade que corresponda à dimensionalidade intrínseca dos dados. A dimensionalidade intrínseca dos dados é o número mínimo de parâmetros necessários para explicar as propriedades observadas dos dados. A redução da dimensionalidade é importante em muitos domínios, uma vez que minimiza a maldição da dimensionalidade e outras propriedades indesejáveis dos espaços de elevada dimensionalidade. Como solução, a redução da dimensionalidade facilita, entre outros, a classificação, a visualização e a compressão de dados de elevada dimensão.

Os trabalhos relatados até agora na área da seleção de subconjuntos de caraterísticas para a redução da dimensionalidade não podem afirmar que a solução fornecida por eles é a solução mais óptima, porque a seleção de subconjuntos de caraterísticas é um problema de otimização, pelo que o âmbito do trabalho permanece em aberto e algoritmos como ACO, GA, GA baseado em correlação, Meta heuristic Search e PSO foram aplicados à seleção de subconjuntos no passado. No presente trabalho, propõe-se **a seleção de subconjuntos de atributos com base no algoritmo genético utilizando o classificador Naive Bays**. O seu objetivo é melhorar os resultados de desempenho dos classificadores, mas utilizando um conjunto significativamente reduzido de caraterísticas. Propõe-se a aplicação de algoritmos genéticos como ferramenta de otimização, em que o classificador Naive Bayes será utilizado para calcular a precisão da classificação, que será considerada como o valor de aptidão do subconjunto individual.

CAPÍTULO 5
METODOLOGIA PROPOSTA

5.1 Trabalho proposto

Neste método proposto, um conjunto de dados do banco de origem é introduzido num ficheiro arff; arff é um formato de ficheiro de relação de atributos. Depois disso, todos os atributos dos conjuntos de dados são codificados. Um certo número de atributos é selecionado aleatoriamente. A precisão da classificação é calculada com os atributos selecionados.

O GABASS é aplicado para melhorar a precisão da classificação e atualizar o conjunto de atributos em conformidade. O algoritmo é repetido várias vezes até que os critérios de terminação sejam satisfeitos. Após a conclusão, obtém-se o subconjunto das melhores caraterísticas e a exatidão da classificação.

5.2 Método para gerar conjuntos de treino e de teste

5.2.1. Métodos de validação cruzada

Os dados são divididos em conjuntos de treino e de teste e a validação é efectuada várias vezes, de modo a que cada exemplo do conjunto de dados seja utilizado como dados de treino pelo menos uma vez na validação cruzada. As abordagens mais comuns são a validação cruzada k-fold, a validação cruzada 2fold e a validação cruzada leave-one-out. Numa validação cruzada k-fold, os dados são divididos em k partes mutuamente exclusivas. Uma das k partes é considerada como conjunto de teste e as restantes são combinadas para induzir o classificador. O classificador é induzido e testado k vezes, uma vez em cada uma das k partes. As pontuações de desempenho são depois generalizadas utilizando alguns métodos de generalização como a média. Neste método, cada instância do conjunto de dados é utilizada para induzir o classificador e testar o desempenho pelo menos uma vez. O procedimento leave-one-out consiste em remover um exemplo do conjunto de treino, construir o preditor com base apenas nos restantes dados de treino e, em seguida, testar o exemplo removido. Este procedimento é repetido de modo a que cada observação nos dados seja utilizada uma vez como dados de validação. Trata-se de uma modificação da validação cruzada k-fold, em que k é o número de observações nos dados.

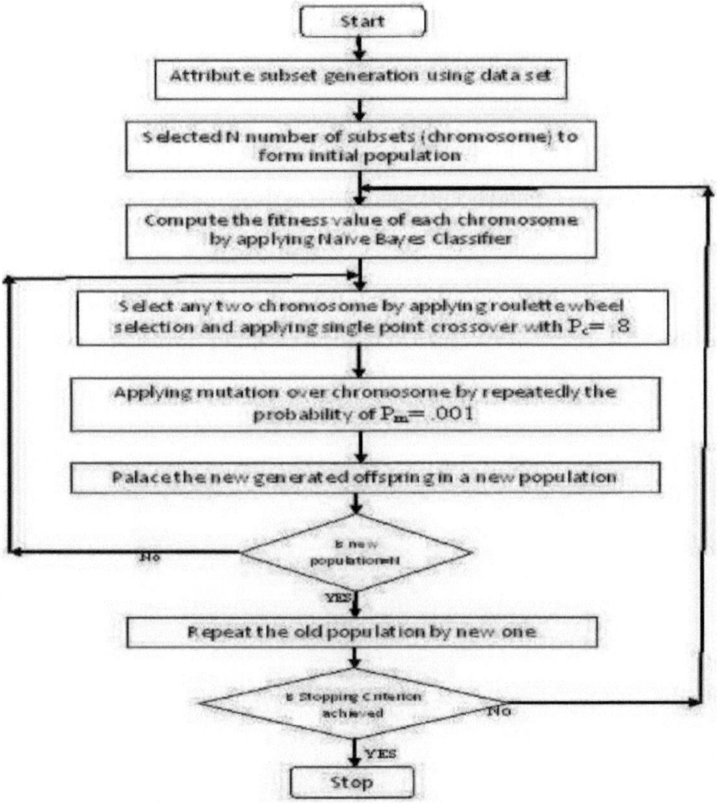

Figura 5.1 Fluxograma generalizado para o GABASS

5.3 Algoritmo proposto

ALGORITMO

Aplicar a abordagem GABASS à otimização do conjunto de dados e à precisão da classificação utilizando os seguintes passos:

1: Geração de subconjuntos de atributos a partir do conjunto de dados KDD.

2: Criação de uma população inicial, utilizando o subconjunto selecionado (cromossoma) de atributos na etapa 1.

3: Aplicar o método Naive Bayes Classifier ao subconjunto individual para calcular a exatidão da classificação, que é considerada como a aptidão do subconjunto individual/cromossoma.

4: Aplicando a seleção da roleta, os cromossomas são selecionados para a operação de crossover com uma probabilidade P_c= .8.

5: Uma descendência selecionada gerada na etapa 4 é submetida à operação de mutação com probabilidade P_m= .001.

6: A descendência gerada nos passos 4 e 5 é utilizada para criar uma nova população.

7: As etapas 3 a 6 são repetidas até que o critério de paragem seja satisfeito

CAPÍTULO 6

PORMENORES DE APLICAÇÃO E ANÁLISE DE RESULTADOS

6.1 PORMENORES DE IMPLEMENTAÇÃO

Neste capítulo, é apresentado um pormenor completo da ferramenta implementada, juntamente com a descrição dos resultados obtidos. Foi concebida uma ferramenta em Java para selecionar automaticamente o subconjunto de caraterísticas com base no GABASS. A ferramenta tem uma GUI, como mostra a figura 6.1, onde são fornecidos três botões de comando designados por;

a. Ficheiro,

b. Pré-processamento

c. Classificar

Ao clicar no botão de ficheiro, um ficheiro de conjunto de dados em formato ARFF é pesquisado e tomado como entrada. Um ficheiro ARFF (Attribute-Relation File Format) é um ficheiro de texto ASCII que descreve uma lista de instâncias que partilham um conjunto de atributos. A figura 6.1 apresenta uma lista de caraterísticas. Um valor de atributo e as respectivas quantidades de instâncias que clicam num determinado atributo.

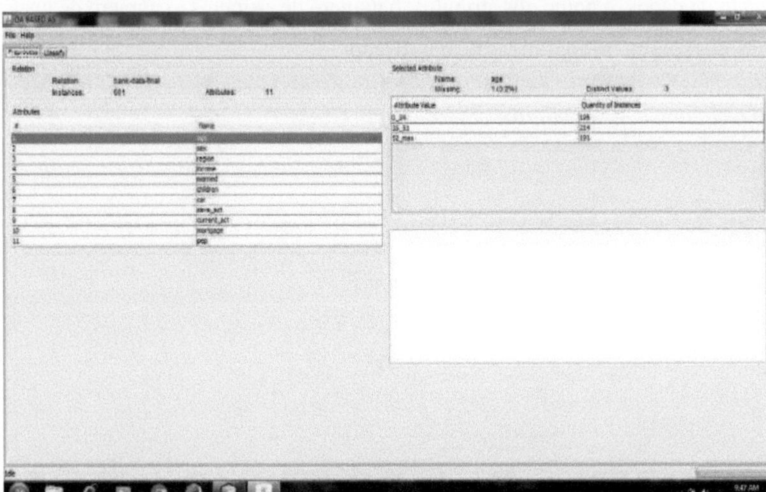

Figura 6.1 Lista de atributos

Ao clicar no botão Classificar, são apresentadas na figura 6.2 várias caixas de entrada, algumas caixas de verificação e dois botões. As caixas de entrada são utilizadas para que o utilizador defina os valores relativos aos diferentes parâmetros. Todas as caixas de verificação são opcionais e dependem do utilizador.

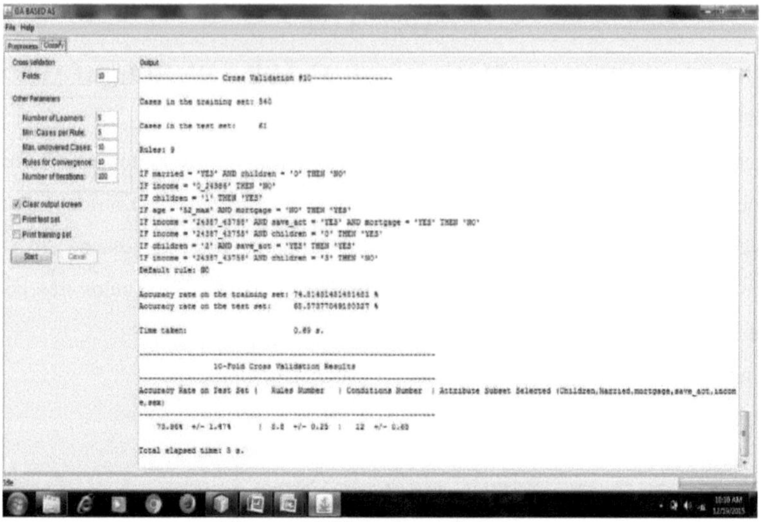

Figura 6.2 Lista de parâmetros

O botão seguinte na janela é Start (Iniciar), mostrado na figura 6.3. Ao clicar neste botão, a informação de execução do programa é mostrada na caixa de saída. Esta caixa de saída mostra toda a informação relacionada com o conjunto de dados, por exemplo, o nome do conjunto de dados, o nome dos atributos, o número de atributos, o número de instâncias e os valores dos parâmetros definidos pelo utilizador.

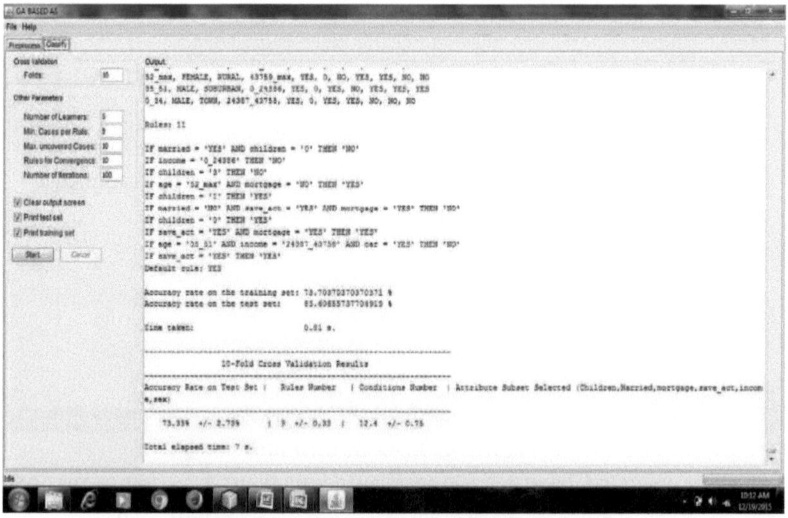

Figura 6.3 Informações de funcionamento

Na janela inicial, são apresentados alguns botões de caixa de verificação opcionais, cuja utilização depende do utilizador. Existem três botões de caixa de seleção denominados;

a. Limpar o ecrã de saída

b. Conjunto de teste de impressão

c. Imprimir conjunto de treino

O botão Limpar ecrã de saída é muito útil para limpar os detalhes do último programa do ecrã. Se o botão Imprimir conjunto de testes for selecionado, mostra todos os conjuntos de testes no ecrã de saída. É apresentado na figura 6.3. O botão Imprimir conjunto de treino mostra todas as combinações do conjunto de treino na figura 6.4.

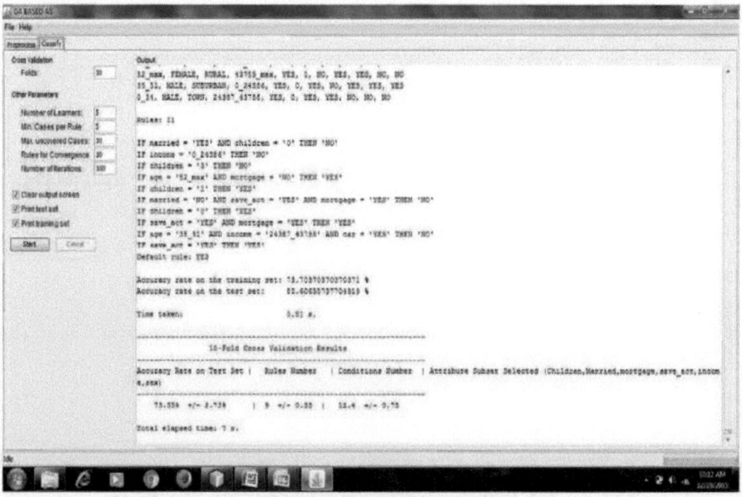

Figura 6.4 Conjunto de teste

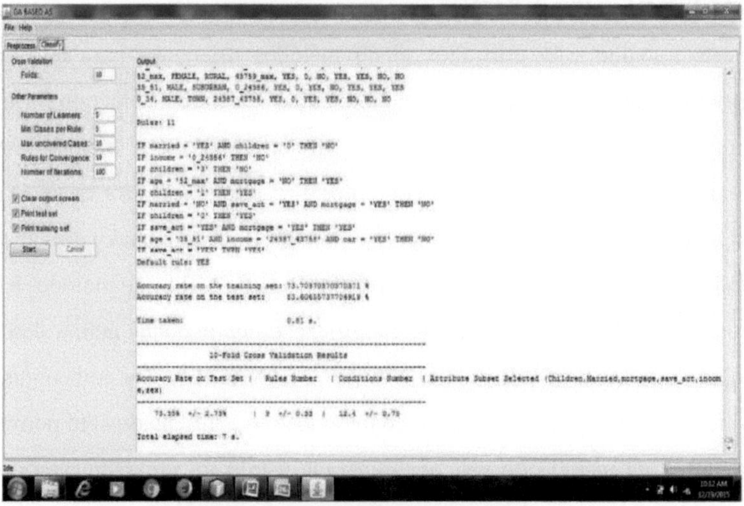

Figura 6.5 Conjunto de treino

Após os resultados da validação k fold, é apresentado um subconjunto do atributo selecionado no último ecrã de saída e na figura 6.6. Aqui k é escolhido pelo utilizador em termos de número. O rácio de classificação mostra o desempenho do programa.

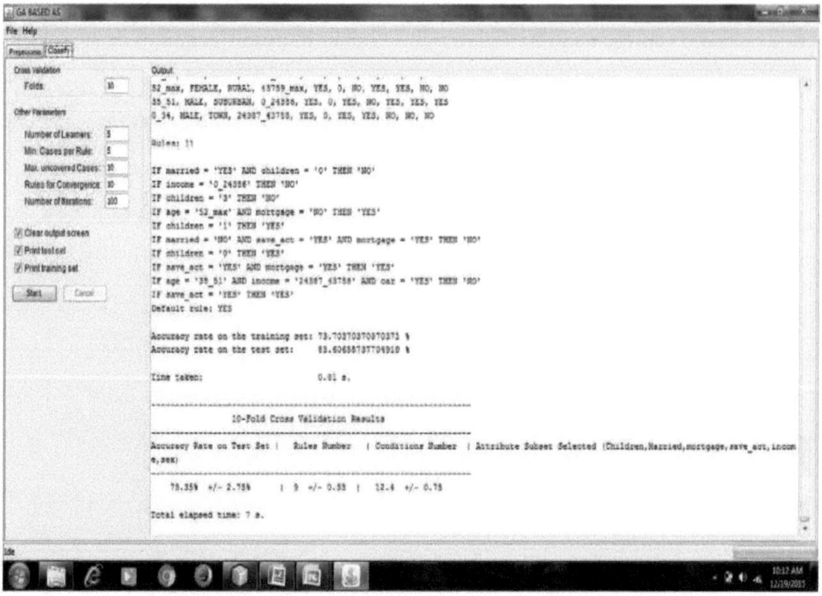

Figura 6.6 Subconjunto selecionado de Atributo

6.2 ANÁLISE DE RESULTADOS

Neste trabalho, são utilizados cinco métodos diferentes para a seleção de caraterísticas. São implementados os métodos Forward Selection Multicross Validation, Bootstrap backward elimination, Relief, MIFS e o método GABASS proposto, tendo sido obtidos cinco subconjuntos de caraterísticas diferentes. O método Forward Selection Multicross Validation e o método Bootstrap backward elimination são métodos baseados em invólucros; os métodos Relief e MIFS são métodos baseados em filtros. Para calcular a precisão da classificação dos métodos acima descritos, é utilizada a ferramenta SIPINA do software TANAGRA. Os subconjuntos de caraterísticas selecionados por estes cinco métodos são apresentados em pormenor na tabela seguinte. O método de validação cruzada k-fold foi utilizado para medir os desempenhos. Os desempenhos assim medidos são apresentados nos quadros 6.1

Tabela 6.1 Comparação de desempenho entre TLBO e Random

Sr. No	Methods	Attributed subset selected	Classification accuracy %
	Wrapper based methods		
1	forward Selection Multicross Validation	(Children, age, married, mortgage, region)	72.33
	Bootstrap backward elimination	(Sex, region, income, married, children, car, save_acc, current_acc)	73.33
	Filter based methods		
3	Relief	(Children, Save_acc)	68.50
4	MIFS	(Children, Married, Income, Sex)	72.66
	Proposed method		
5	GABASS	(Children, Married, mortgage, sex, income, save_acc)	76.07

A comparação entre o método aleatório e o método GABASS é apresentada no gráfico da Fig. 6.7. Esta comparação baseia-se na exatidão da classificação e mostra que o GABASS é melhor do que os outros métodos.

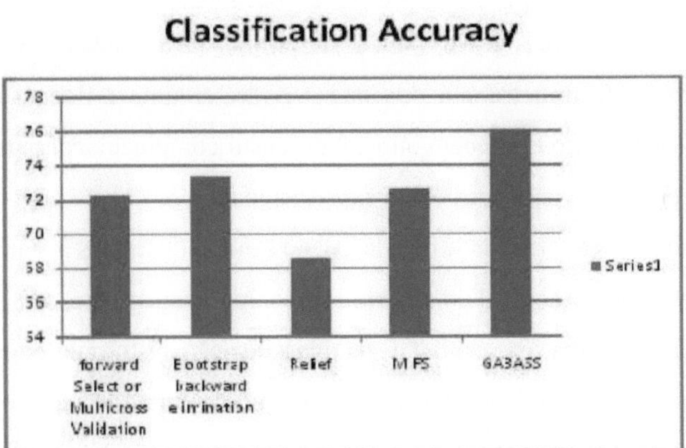

Figura 6.7 O gráfico mostra a comparação entre aleatório e GABASS

CAPÍTULO 7

CONCLUSÃO E ÂMBITO DOS TRABALHOS FUTUROS

7.1 CONCLUSÃO

A seleção de caraterísticas é a primeira tarefa de qualquer abordagem de aprendizagem para definir um conjunto relevante de caraterísticas. São propostos vários métodos para lidar com o problema da seleção de caraterísticas, incluindo métodos de filtragem, de envolvimento e incorporados. Neste trabalho, concentro-me na seleção de subconjuntos de caraterísticas para selecionar um subconjunto minimamente dimensionado de caraterísticas óptimas.

medida que os dados aumentam, várias técnicas de extração de dados tornam-se significativamente mais difíceis e o esforço computacional das aplicações de extração de dados aumenta drasticamente. Além disso, o aumento da dimensionalidade dos dados (no sentido de muitas caraterísticas) para várias aplicações conduz frequentemente a problemas graves para os algoritmos de aprendizagem, uma vez que a natureza altamente dimensional dos dados pode ter uma influência negativa na exatidão da classificação e também aumenta o custo computacional para os métodos de aprendizagem supervisionados e não supervisionados.

A elevada dimensionalidade dos dados, no sentido de muitas instâncias, também aumenta o custo computacional do algoritmo de aprendizagem, mas tem normalmente uma influência positiva na exatidão da classificação. Isto faz com que sejam necessários métodos eficazes e eficientes de seleção de caraterísticas e de redução da dimensionalidade. De um modo geral, estes métodos devem satisfazer as seguintes exigências: Devem ser computacionalmente eficientes e os conjuntos de caraterísticas resultantes devem permitir uma representação compacta dos dados originais. Além disso, em muitos domínios de aplicação, é muito importante não perder a interpretabilidade das caraterísticas originais. O processo de redução das caraterísticas deve ter um efeito positivo (ou pelo menos não negativo) na exatidão da classificação do algoritmo de aprendizagem.

A seleção de caraterísticas é um problema de otimização; o algoritmo genético baseado na seleção de subconjuntos de atributos utilizando o classificador naive bayes é utilizado para este fim. Os GABASS são considerados a melhor técnica para fins de seleção quando a população é muito grande. O GABASS fornece bons resultados e o seu poder reside na boa adaptação a ambientes variados e em rápida mudança.

O trabalho futuro envolverá experiências com os conjuntos de dados de diferentes domínios. O algoritmo GABASS foi testado anteriormente em diferentes domínios. Será avaliada a diferença no desempenho e na exatidão de diferentes abordagens de conjunto.

O GABASS pode dar resultados mais eficientes e o processo de otimização pode tornar-se muito mais fácil e rápido. O aspeto mais importante do trabalho futuro é encontrar mais factores que possam comparar dois fatos de teste quanto à sua bondade, para que a eficiência do processo de seleção possa ser melhorada.

REFERÊNCIAS

[1] Ron Kohavi, George H. John, *"Wrappers for feature subset selection"*. Inteligência Artificial 97, pp. 273-324, 1996.

[2] I. Inza, P. Laixanaga, R. Etxeberria, B. Sierra, *"Feature Subset Selection by Bayesian network-based optimization"* Artificial Intelligence 123, pp. 157-184, 2000

[3] Isabelle Guyon, Andre Elisseeff, *"An Introduction to Variable and Feature Selection"*, Journal of Machine Learning Research 3, pp. 1157-1182, 2003.

[4] Lei Yu, Huan Liu, *"Efficient Feature Selection via Analysis of Relevance and Redundancy"*, Journal of Machine Learning Research 5 , pp. 1205-1224, 2004

[5] Felix Garcia Lopez, Miguel Garcia Torres, Belen Melian Batista, Jose A. Moreno Perez , J. Marcos Moreno-Vega, *"Solving feature subset selection problem by a Parallel Scatter Search"* European Journal of Operational Research 169, pp. 477489, 2006.

[6] Dunja Mladeni, *"Seleção de caraterísticas para redução da dimensionalidade"* LNCS 3940, pp. 84-102, 2006.

[7] Iffat A. Gheyas, Leslie S. Smith, *"Seleção de subconjuntos de caraterísticas em domínios de grande dimensionalidade"* Pattern Recognition 43, pp. 5-13, 2010

[8] Rajdev Tiwari, Manu Pratap Singh, *""Correlation-based Attribute Selection using Genetic Algorithm"* International Journal of Computer Applications, pp. 0975 - 8887 Volume 4- No.8, 2010

[9] Yijun Sun, Sinisa Todorovic e Steve Goodison, *"Local Learning Based Feature Selection for High Dimensional Data Analysis" (Seleção de caraterísticas com base na aprendizagem local para análise de dados de elevada dimensão)*, IEEE transactions on pattern analysis and machine intelligence, vol. 32, n.º 9, 2010

[10] V. Bolon-Canedo, N. Sanchez-Marono, A. Alonso-Betanzos *"Seleção de caraterísticas e classificação em conjuntos de dados de classes múltiplas: Uma aplicação ao conjunto de dados KDD Cup 99"* Elsevier Expert Systems with Applications 38, 5947-5957, 2011

[11] Asha Gowda Karegowda, M.A.Jayaram, A.S.Manjunath *"Seleção de subconjuntos de caraterísticas utilizando GA e CFS em cascata: uma abordagem de filtro na aprendizagem supervisionada"* Jornal Internacional de Aplicações Informáticas (0975 - 8887) Volume 23- No.2, 2011

[12] Yuanning Liu, Gang Wang, Huiling Chen, Hao Dong, Xiaodong Zhu, Sujing Wang *"Uma otimização melhorada de enxame de partículas para a seleção de caraterísticas"* Journal of Bionic Engineering 8, pp.191-200, 2011

[13] Houtao Deng, George Runger, *"Feature Selection via Regularized Trees",* 2012 International Joint Conference on Neural Networks (IJCNN), IEEE, 2012.

[14] R. Venkata Rao, Vivek Patel, *"Um algoritmo de otimização elitista baseado no ensino-aprendizagem para resolver problemas complexos de otimização com restrições",* International Journal of Industrial Engineering Computations 3, pp. 535-560, 2012.

[15] Syed Imran Ali, Waseem Shahzad, *"A Feature Subset Selection Method based on Symmetric Uncertainty and Ant Colony Optimization",* International Journal of Computer Applications (0975 - 8887) Volume 60- No.1 1,2012

[16] Qinbao Song, Jingjie Ni e Guangtao Wang, *"A Fast Clustering-Based Feature Subset Selection Algorithm for High Dimensional Data",* IEEE Transactions on Knowledge and Data Engineering volume 25 no:1 ano 2013

[17] Jiawei Han e Micheline Kamber, *"Data Mining Concepts and Techniques",* Simon Fraser University, 2000

[18] Kira, K., e L. A. Rendell, *"A Practical Approach to Feature Selection",* Ninth International Conference on Machine Learning, pp. 249-256, 1992

[19] Divya Chaudhary *"Data Mining: Techniques and Algorithms"* Revista Internacional de Investigação Avançada em Ciência da Computação e Engenharia de Software Volume 3, Edição 8, , pp. 475-479 agosto de 2013

[20] T.R. Jerald Beno, M. Kaman, *" Dimensionality Reduction: Rough Set Based Feature Reduction"* Revista Internacional de Publicações Científicas e de Investigação, Volume 2, Número 9, setembro de 2012

[21] G. John, R. Kohavi, e K. Pfleger, *"Irrelevant Features and the Subset Selection Problem,"* 11th International Conference Machine Learning, Morgan Kaufmann, San Francisco, pp. 121-129, 1994

[22] Holland, J. H., *"Genetic algorithms",* Scientific American p.p. 66-72 julho de 1992

[23] M. Dash e H. Liu, *"Feature selection for classification" (Seleção de caraterísticas para classificação)* Intelligent Data Analysis, vol. 1, no. 4, pp. 131-156, 1997.

[24] D. Koller e M. Sahami, *"Toward optimal feature selection"* in International Workshop And Conference on Machine Learning, pp. 284-292, Morgan Kaufmann, 1996.

[25] Bing Xue, *"Particle Swarm Optimization for Feature Selection in Classification"*, Victoria University of Wellington 2014

[26] Kashif Javed Butt, *"Um estudo dos algoritmos de seleção de caraterísticas para a estimativa da precisão"* Mestrado em Inteligência Artificial, 2012

MIX
Papier aus verantwortungsvollen Quellen
Paper from responsible sources
FSC® C105338

Printed by Books on Demand GmbH, Norderstedt / Germany